SCHIRMER'S LIBRARY
OF MUSICAL CLASSICS

Wolfgang Amadeus Mozart

Twenty-One Concert Arias
for Soprano

in Two Volumes

→ Volume I — Library Vol. 1751
Volume II — Library Vol. 1752

Original Texts
with English Versions by

LORRAINE NOEL FINLEY

G. SCHIRMER, Inc.

DISTRIBUTED BY

HAL•LEONARD®
CORPORATION

7777 W. BLUEMOUND RD. P.O. BOX 13819 MILWAUKEE, WI 53213

CONTENTS

VOLUME I

Of these twenty-one arias for soprano and orchestra, six were written by Mozart for singers who interpolated them in operas by other composers, namely Galuppi (K. 217), Anfossi (K. 418, 419), Cimarosa (K. 578), and Martìn (K. 582, 583). In Mozart's time singers did not hesitate to replace arias that did not suit them by others especially written to show off their capabilities. Even Mozart's own operas were not immune to this strange procedure—K. 490 replaced the beginning of Act II in a special performance of *Idomeneo* and K. 577 was substituted for *Deh vieni, non tardar* in performances of *Le Nozze di Figaro* given in Vienna three years after its première. Almost all of the other pieces in the present collection are known to have been written for specific vocalists, either to supply them with a brilliant display piece for a particular occasion or to furnish an effective repertory item for their appearances with orchestra.

The soprano most generously served by Mozart in this manner was Aloysia Weber, with whom the composer fell in love when she was about seventeen and he twenty-two. She eventually married a painter by the name of Lange and Mozart married her younger sister, Constanze. For Aloysia, over a period of about ten years, her rejected lover and, later, brother-in-law wrote K. 294, 316, 383, 416, 418, 419, and 538. K. 486a was composed for Dorothea Wendling, wife of a flutist Mozart became friendly with in Mannheim and creator of the role of Ilia in *Idomeneo*. According to Alfred Einstein, K. 368 may have been written for her daughter Elisabeth, the first Elettra in the same opera. Josepha Duschek, a singer from Prague, and her husband, the clavier virtuoso Franz Duschek, were friends of the composer for years. For her he wrote K. 272 and 528. Concerning Catarina Ristorini (K. 217) and a Baroness Pulini (K. 490), little is known. Countess Baumgarten (K. 369) was a favorite of the Elector of Bavaria. K. 374 was composed for Mozart's Salzburg colleague, the *castrato* Francesco Ceccarelli; K. 505 for Anna (Nancy) Storace, the first Susanna in *Figaro*; K. 577 for Adriana Ferraresi del Bene, who sang Fiordiligi at the première of *Così fan tutte;* K. 578, 582, and 583 for Louise Villeneuve, the Dorabella at the same performance.

These arias represent a little-known but important aspect of Mozart's work. Most of them were composed when he was at the height of his powers and rank with the best of his output in other categories. But six of these works (K. 217, 316, 418, 538, 578, 582) have never before, as far as can be ascertained, been published in editions for voice and piano and most of the others have been either impossible or difficult to obtain. The publisher therefore takes pride in presenting herewith a substantial group of hitherto unavailable masterpieces.

Voi avete un cor fedele
You've a heart benign and loyal

Author unknown
English version by
Lorraine Noel Finley

W. A. Mozart
K. 217 (1775)
Piano reduction by
John Verrall

This aria, which was inserted by Ristorini into Act I, Scene 4 of Baldassare Galuppi's opera buffa, *Le Nozze (The Wedding)*, finds Dorina expressing her misgivings as to the constancy of her fiancé's affections.

Voi a - ve - te un cor fe - de - le,
un cor fe -
You've a heart be-nign and loy - al,
be-nign and

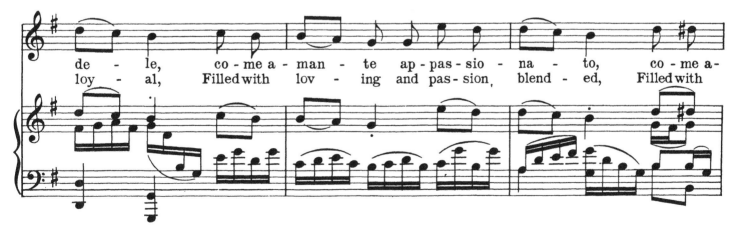

de - le, co - me a - man - te ap-pas-sio - na - to, co - me a-
loy - al, Filled with lov - ing and pas-sion, blend - ed, Filled with

man - te ap-pas-sio - na-to: ma mio spo - so di-chia-
love _____ and pas-sion blend-ed: But, dear suit - or, my in-

ra - to,   di-chia - ra - to,   che fa - re - te?   can - ge -
tend - ed,   Will you grieve me   or de - ceive me?   Will you

re - te?   di - te,   al - lo - - ra che sa -
leave me?   Tell me,   what does   the fu - ture

rà?   man - ter - re - te   fe - del - tà,   fe - del - tà?
hold?   Will you leave me   un - con-soled,   un - con - soled?

Allegro

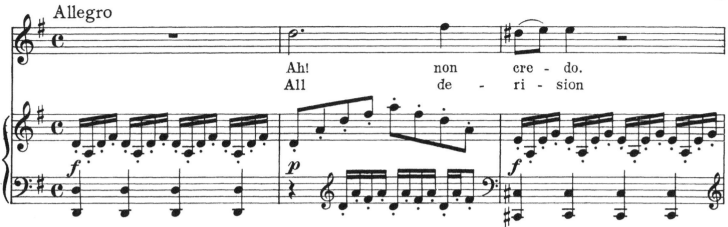

Ah! non cre - do.
All de - ri - sion

Già pre - ve - do, mi po - tre-ste cor-bel - lar, mi po-
Clouds my vi -sion, You might mock me, I'm a - fraid, You might

tre - ste cor - bel - lar. Non an-co-ra, non per
mock me, I'm a - fraid: I fore-see it, and would

o - ra, non mi vuò di voi fi - dar, di voi fi -
flee it, Faith might be by you be-trayed, my faith be -

dar, ——
trayed, ——

non mi
Faith might

vuò di voi fi - dar.
be by you be - trayed.

Ah! non cre - do. Già pre-
All de - ri - sion Clouds my

ve - do, mi po - tre - ste cor - bel - lar. Non an - co - ra, non per
vi - sion, You might mock me, I'm a - fraid: I fore - see it, and would

o - ra, non an - co - ra, non per o - ra, non mi vuò, non mi
flee it, I fore - see it, and would flee it, Faith might be, faith might

vuò di voi fi - dar, non mi vuò di voi fi - dar, di voi fi -
be by you be - trayed, Faith might be by you be - trayed, My faith might

dar, di voi fi - dar.
be by you be - trayed.

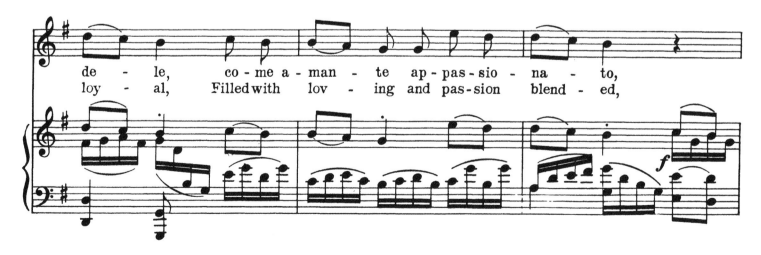

ap-pas-sio - na - to: ma mio spo - so di-chia-
with pas-sion blend - ed: But, dear suit - or, my in -

ra - to,   di - chia - ra - to,   che fa - re - te?   can - ge -
tend - ed,   Would you grieve me   or de - ceive me?   Would you

re - te?   di - te,   al - lo - ra che sa -
leave me?   Tell me,   what does   the fu - ture

rà?   man - ter - re - te   fe - del - tà,   fe - del - tà?
hold?   Would you leave me   un - con-soled,   un - con - soled?

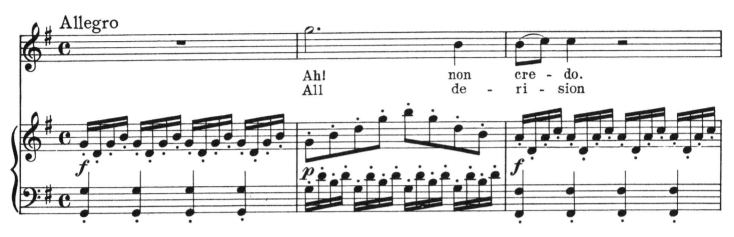

Ah! non cre - do.
All de - ri - sion

Già pre - ve - do, mi po - tre - ste cor - bel -
Clouds my vi - sion, You might mock me, I'm a -

lar, mi po - tre - ste cor - bel - lar.
fraid, You might mock me, I'm a - fraid:

Non an - co - ra, non per o - ra, non mi vuò di voi fi-
I fore-see it, and would flee it, Faith might be by you be-

dar, di voi fi - dar, _____
trayed, my faith be - trayed, _____

non mi
Faith might

vuò di voi fi - dar.   Ma mio spo-so di-chia
be by you be - trayed.   O dear suit-or, my in-

ra - to,   che fa - re - te? can-ge - re - te?
tend-ed,   Would you grieve me or de - ceive me?

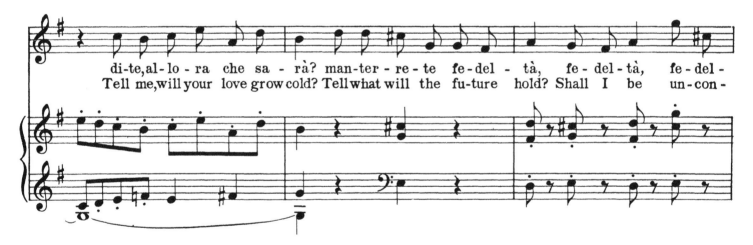

di-te, al-lo - ra che sa - rà? man-ter-re-te fe-del - tà, fe-del-tà, fe-del-
Tell me, will your love grow cold? Tell what will the fu-ture hold? Shall I be un-con-

tà?   Ah! non cre - do. Già pre - ve - do, mi po - tre - ste cor-bel -
soled? All de - ri - sion Clouds my vi - sion, You might mock me, I'm a -

11

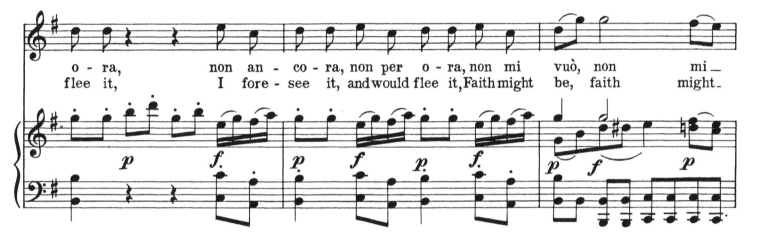

de - le, co-me a - man - te ap-pas-sio - na - to.
loy' - al, Filled with lov - ing and pas-sion blend - ed:

Allegro

Non an - co - ra, non per o - ra,
But de - ri - sion Clouds my vi - sion,

non mi vuò di voi fi - dar, non mi
You might mock me, I'm a - fraid; Faith might

cresc.

vuò di voi fi - dar, non an - co - ra, non per
be by you be - trayed. Would you grieve me or do-

o - ra, non mi vuò di voi fi - dar,
ceive me? Could your love for me grow cold,

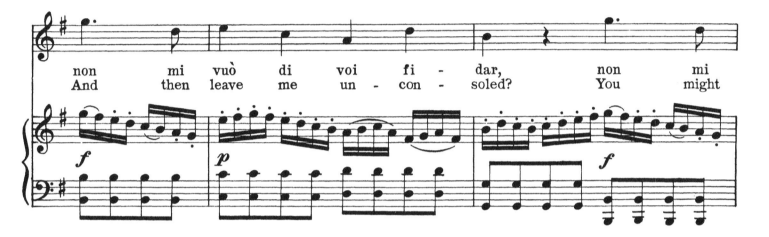

non mi vuò di voi fi - dar, non mi
And then leave me un - con - soled? You might

vuò di voi fi - dar, di voi fi - dar, di voi fi - dar.
mock me, I'm a - fraid; My faith might be by you be - trayed.

Ah, lo previdi!
Ah, my foreboding!

V. A. Cigna-Santi (?)
English version by
Lorraine Noel Finley

W. A. Mozart
K. 272 (1777)

The text is from Act II, Scene 9 of Paisiello's *Andromeda*. Andromeda vituperates Perseus for the slaying of her betrothed prince; then, in her agony, she beseeches the soul of the slain man to wait until she can join him in death.

Recitativo

Allegro risoluto

Andromeda

Ah, lo pre - vi - di!
Ah, my fore-bod-ing!

Po - ve-ro pren - ce, con quel fer - ro i - stes-so, che me sal - vò, ti la - ce - ra-sti il
Poor, trag-ic Prince-ling, Of the ver - y same weap-on that saved my life, You have be-come the

pet-to.
vic-tim.

Ma tu sì fie - ro scem-pio per - chè non im-pe - dir?
Could you not be pre - vent-ed from such a cru-el deed?

Co - me, o cru-
Had you no com-

de - le, d'un mi - se - ro a pie - tà non ti mo - ve - sti?
pas-sion? Could you not be moved to mer - ci - ful com-pas-sion?

Qual ti - gre, qual ti - gre ti no - drì?
What ti - ger, what ti - ger nour-ished you?

Do - ve, do - ve,
Tell me, tell me!

do - ve na - sce-sti? Ah! t'in-vo - la, t'in - vo - la a-gli oc - chi mie - i!
Where was your cra-dle? You must van-ish! Be - gone from my sight for - ev - er!

attacca subito

Aria

Allegro

Ah, t'in - vo - la agl' oc - chi mie - i,
Ah! be - gone from sight for - ev - er,

al - ma vi - le, in - gra - to__ cor!
Most un - grate - ful,__ cru - el__ heart.

Ah, t'in - vo - la agl' oc - chi mie - i, al - ma
Ah! why lin - ger? Be - gone for - ev - er, You have

vi - le, in - gra - to cor, al - ma
proved vile be - yond__ be - lief. Go! O

vi - le, in - gra - to cor!
trai - tor, come back no more!

La ca - gio - ne,oh Dio, tu sei, oh Dio, tu
You have been the cause of all my grief: My

sei del mio bar - ba - ro, bar - - - - ba -
woe, un - en - dur - a - ble, au - - - - gurs

ro do - lor. Va, cru - de - le!
no re - lief. Go, O mon - ster!

Va, spie - ta - to! Va,__ tra le fie - re ad
Fly for - ev - er! Go__ to re - join__ all your

a - bi - tar, tra le fie - re ad a - bi -
bru - tal__ kind, To the lair where you be -

tar. La ca - gio - ne, oh Dio, tu sei
long. How I suf - fer your bale - ful wrong!

del mio bar - ba - ro, bar - - - ba - ro do -
You have brought to me dire - - - ful, dead - ly

lor.
wrong.
Va, cru - de - le!
Go, O mon - ster!
Va, spie -
Fly for -

ta - to!
ev - er!
Va,— tra le fie - re ad a - bi -
Go— to re - join — all your bru - tal—

tar, tra le fie - re ad a - bi - tar!
throng, To the lair where you be - long.

Va, va, va, va,— tra le
Go, go, go, go — to the

fie - re ad a - bi - tar, ad a - bi -
lair where you be - long, Where all your

tar, ad a - bi - tar!
bru - tal kind be - long.

Cru - de - le! Spie - ta - to! Ah, t'in -
O mon - ster! O trai - tor! O be -

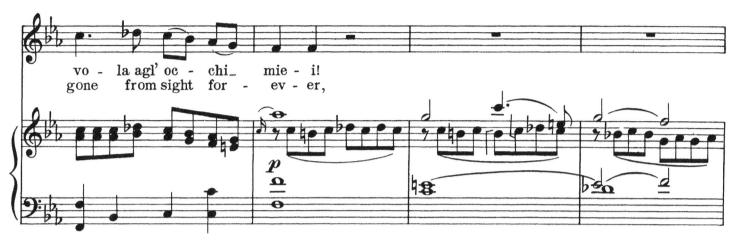

vo - la agl' oc - chi_ mie - i!
gone from sight for - ev - er,

Ah, t'in - vo - la agl' oc - chi mie - i, al - ma vi - le, in -
O be - gone from sight for - ev - er; You have proved vile be -

gra - to cor, in - gra - to cor!
yond_____ be - lief! Come back no more!

La ca - gio - ne, oh Dio, tu sei
You have caused me all_ my grief,

del mio bar - ba - ro, ba - - - ba - ro do - re -
Un - en - dur - a - ble woe _____ with - out re -

lor. Va, cru - de - le! Va, spie - for -
lief. Go, O mon - ster! Fly for -

ta - to! Va,___ tra le fie - re ad a - bi -
ev - er! Go___ to re - join___ all your bru - tal___

tar, tra le fie - re ad a - bi - tar! La ca -
kind, To the lair where you be - long. How I

gio - ne, oh Dio, tu sei, tu sei del mio
suf - fer oh your bale - ful wrong! My woe, un - en -

bar - ba-ro, bar - - - - ba - ro do - re -
dur - a-ble, au - - - - gurs no re -

lor. Va, cru - de - le! Va, spie -
lief. Fly, O mon-ster! Go for -

ta - to! Va, cru - de - le! Spie - ta - to, va!
ev - er! Fly, O mon-ster! The cause of grief!

Va,___ tra le fie - re ad a - bi - tar, tra le
Go ___ to re - join___ all' your bru - tal throng; Seek the

fie - re ad a - bi - tar, tra le fie - re ad
lair where you be - long, Seek the lair where

a - bi - tar!
you be - long!

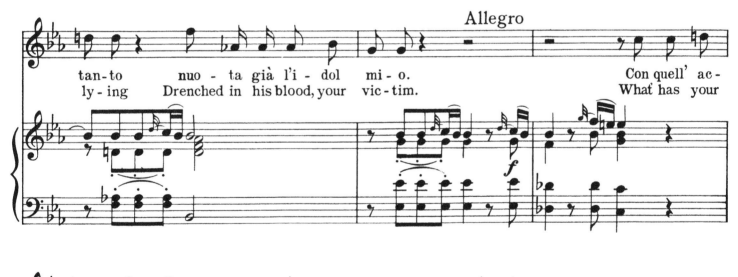

mi sal-va-sti poc' an - zi,   or m'uc-ci - de - sti!
First you saved me from dy - ing,   But now you kill me.

Adagio

Col
His

san - gue, ahi, la bell' al - ma,   ec - co, già u - scì,
no - ble soul has de-part - ed;   Crim-son streams the blood,

dal - lo squar-cia - to se - no.
Rend-ing the wound - ed bod-y.

Me in-fe-
How day has

li - ce! / Si o-scu-ra il gior - no a-gli oc-chi mie - i,
dark-ened; / My eyes are blind - ed; all now must grieve me:

Allegro / **Adagio**

e nel bar - ba-ro af-fan - no
Un-der ter - ri - ble sor - row

il cor vien me - no. / Ah, non par - tir, om - bra di a
my heart is faint - ing. / Ah, my Be - lov - ed, do not

let - ta, / io vo - glio u - nir-mi a
leave me. / U - nit - ed, let us de -

te.
part.

Sul gra-do e-stre-mo, in-
O wait a lit-tle! Be-

tan - to che m'uc - ci - de il do - lor,
cause my pain will soon end in Death,

in - tan - to
O tar - ry,

fer - ma - ti,
O tar-ry,

fer - ma - ti al - quan - to!
Wait for my spir - it!

attacca subito

Cavatina
Andantino

dolce

Deh,   non var - car   quell' __ on - - - da,
Cross   not dark Le - the's __ tor - - - rent,

a - - ni - ma del __ cor __ mi - - - o,
Wait   on this side, __ I __ pray __ you;

deh,   non var - car,   deh,   non var - car, __ no, quell' on -
Ah,   wait for me!   Cross   not, Be - lov - ed, the tor -

da!   Di Le - te all' al - tra spon - da, di
rent, Whose wa - ters are ab - hor - rent, Whose

Le - te all' al - tra spon - da, om
wa - ters are ab - hor - rent: But

bra, com - pa - gna anch' i - o, vo - glio ve -
do not — let — them af - fray you. I, — too, will

nir, — ve - nir con — te, — vo - glio ve - nir, — ve -
come, com - pan - ion — you: — Wait — on — the brink! O

nir — con — te, vo - glio ve - nir, ve -
grant my — plea! Cross not, nor drink dark

nir _____ con te. _____ Deh, non var - car,
Le - the's stream: _____ Cross not, dear Ghost;

deh, non var-car,__ no, quell' on - da! Om -
cross not, Be - lov - ed, the tor - rent. Far,

bra, com - pa - gna anch' i - o, vo - glio ve -
far the __ stream will con - vey you. O grant my

nir,____ vo - glio ve - nir,____ vo - glio ve-nir con
plea! __ I long to come;__ wait, ____ wait, O Love, for

32

te.
me!
Deh, non var - car, no!
Cross not, dear Ghost, no!

Fer - ma - ti! Di Le - te all' al - tra
Wait for me! The wa - ters are ab -

spon - da, di Le - te all' al - tra spon - da,
hor - rent, The wa - ters are ab - hor - rent;

om - bra, com - pa - gna anch' i - o, vo - glio ve -
But do not __ let them af - fray you. I, __ too, will

nir,— ve - nir con— te, vo - glio ve - nir,— ve-
come, com - pan - ion — you: Wait on the brink! O

nir con te. A - ni - ma del — cor
grant my plea! O wait,dear Ghost,— I

mi - - - o! Deh, non var - car quell'
pray————————— you! Cross not dark Le - the's

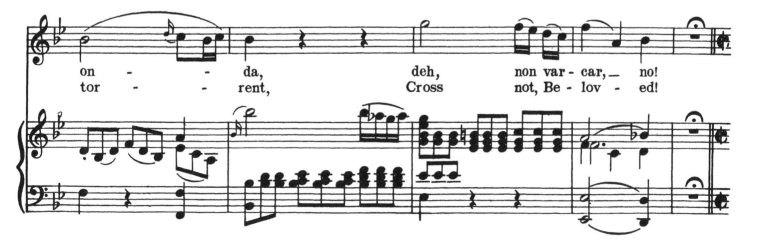

on - - da, deh, non var - car,— no!
tor - - rent, Cross not, Be - lov - ed!

Allegro

Vo - glio ve - nir, ve - nir con te,
Cross not the stream, But wait for me!

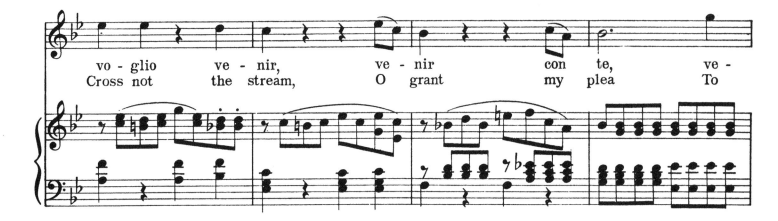

vo - glio ve - nir, ve - nir con te, ve -
Cross not the stream, O grant my plea To

nir _____ con te, _____ ve - nir _____ con te!
come _____ with you, _____ O wait _____ for me!

Alcandro, lo confesso... Non so d'onde viene

Alcandro, I confess it... I know not from whither

Pietro Metastasio
English version by
Lorraine Noel Finley

W. A. Mozart
K. 294 (1778)
Piano reduction by
John Verrall

Originally the text, which is from Act III, Scene 6 of *Olimpiade*, implied King Clisthenes' astonishment at the discovery of the identity of his son, whom he believed dead; Mozart, however, seems to have changed the meaning to suit the conflicting emotions of a woman's awakened love.

Andante

stui nel cor mi de - sta un pal - pi-to im-prov-vi - so, che lo ri-sen-te in o-gni fi - bra il
his. With-in my heart there a-wakes a sud-den throb-bing; In ev'ry fi-bre of my be - ing I

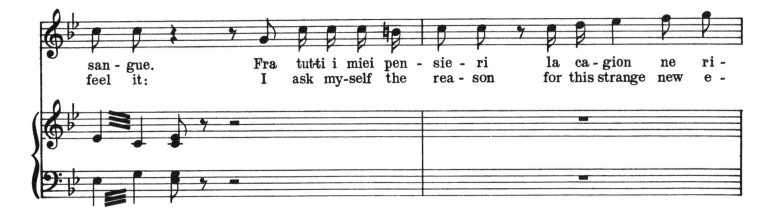

san - gue. Fra tut-ti i miei pen - sie - ri la ca - gion ne ri -
feel it: I ask my-self the rea - son for this strange new e -

Andantino

cer - co, fra tut-ti i miei pen-sie - ri la ca -
mo - tion, I seek in vain the rea - son for this

gion ne ri-cer-co, e non la tro-vo. Che sa - rà, giu - sti
strange new e-mo-tion But do not find it. Have the gods found an

De - i, che sa - rà, giu - sti De - i, que - sto ch'io pro - vo?
an - swer? Have the gods found an an - swer? Have they di - vined it?

Aria

Andante sostenuto

Non so d'on - de vie - ne quel te - ne - ro af-
I know not from whith-er has come my af-

fet - to, quel te - ne - ro af - fet - to, quel mo - to, che i -
fec - tion, has come my af - fec - tion, The feel - ing that

gno - to mi na - sce nel pet - to, quel gel, che le
steal - ing from ev - 'ry di - rec - tion, Like hoar - frost has

ve - ne scor - ren - do mi va. Non so d'on - de
chilled me and fro - zen my veins. I know not from

vie - ne,   no,   non so d'on - de vie - ne   quel
whith - er,   ah,   I know not   from whith - er   has

te - ne - ro af - fet - to,   quel mo - to,   che i -
come my   af - fec - tion,   The feel - ing   that

gno - to   mi na - sce   nel pet - to,   quel
steal - ing   from ev - 'ry   di - rec - tion,   Like

gel,   che le ve - ne scor - ren - do   mi va.   Non
hoar - frost   has chilled me and fro - zen   my veins.   I

so d'on - de vie - ne quel te - ne-ro af-fet - to,
know not from whith - er has come my af - fec - tion,

quel mo - to, che i - gno - to mi
The feel - ing that steal - ing from

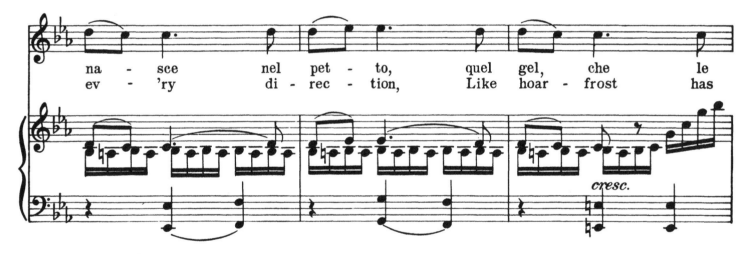

na - sce nel pet - to, quel gel, che le
ev - 'ry di - rec - tion, Like hoar - frost has

ve - ne scor - ren - do, scor-ren -
chilled me and fro - zen, and fro -

- do mi va, quel gel, che le
- zen my veins, Like hoar - frost has

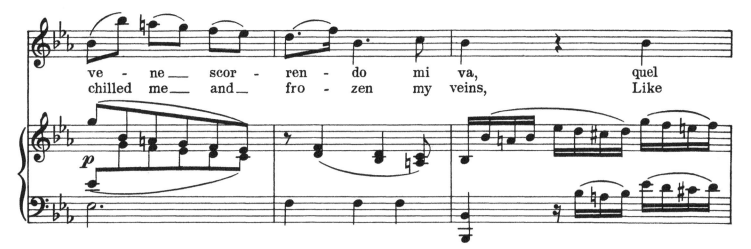

ve - ne _ scor - ren - do mi va, quel
chilled me _ and _ fro - zen my veins, Like

gel, _____ che scor - ren - - -
hoar - - - - - frost has fro - - -

- - - - - - - - do mi
- - - - - - - - zen my

Allegro agitato

va.
veins.

Nel se - no a de-star - mi sì
My heart is a - wak - ened to

fie - ri con - tra - sti,
fierce con - tra - dic - tion,

nel
My

se - no a de-star - mi sì fie - ri con - tra - sti non
heart is a - wak - ened to fierce con - tra - dic - tion. What

par - mi che ba - sti la so - la pie - tà, non
aid for af - flic - tion is pit - y a - lone? What

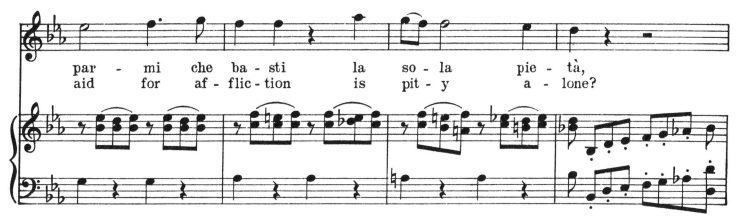

par - mi che ba - sti la so - la pie - tà,
aid for af - flic - tion is pit - y a - lone?

nel se - no a de - star - mi sì fie - ri con -
My heart is a - wak - ened to fierce con - tra -

tra - sti, nel se - no a de -
dic - tion, My heart is a -

star - mi sì fie - ri con - tra - sti non par - mi che
wak - ened to fierce con - tra - dic - tion. What aid for af -

ba - sti, non par - mi che ba - sti la so - la pie -
flic - tion, what aid for af - flic - tion is pit - y a -

tà, no, non par - mi, non par - mi che
lone? Ah! af - flic - tion! What aid for af -

ba - sti la so - la pie - tà, no, non
flic - tion is pit - y a - lone? Ah! Is

par - mi che ba - sti, no, no. Non
pit - y suf - fi - cient? No! Ah! I

Tempo Primo

so d'on-de vie - ne, d'on-de vie - ne quel te - ne - ro,—
know not from whith - er it comes hith-er, I know not whence

te - ne-ro af - fet - to, quel mo - to, che i -
comes my af - fec-tion, The feel - ing that

gno - to mi na - sce nel pet - to, quel
steal - ing from ev - 'ry di - rec - tion, Like

gel,— che le ve - ne scor - ren - do mi va.— Non
hoar - frost has chilled me and fro - zen my veins. I

so__ d'on - de vie - ne quel te - ne - ro af - fet - to,
know not from whith - er has come my__ af - fec - tion,

quel mo - to, che i - gno - to mi
The feel - ing that steal - ing from

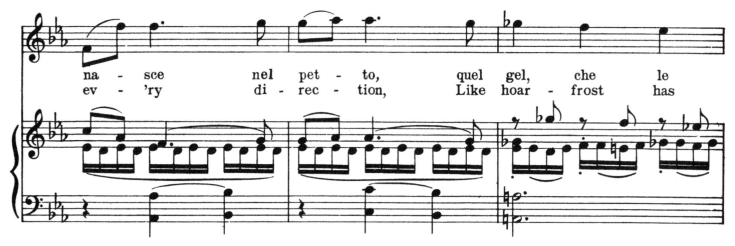

na - sce nel pet - to, quel gel, che le
ev - 'ry di - rec - tion, Like hoar - frost has

ve - ne scor - ren - do mi va.__
chilled me and fro - zen my veins.

Non so____ d'on - de vie - ne quel te - ne - ro af-
I know____ not from whith - er has come my af-

fet - to, quel gel, che le ve - ne scor-
fec - tion. A feel - ing like hoar - frost has

ren - do mi va, quel gel, che le
fro - zen my veins, Like hoar - frost le has

ve - ne____ scor - ren - do mi va, quel
chilled me____ and fro - zen my veins. A

cresc.

gel,   che   scor - ren -

feel - ing   has   fro -

- - do, scor - ren -   -   -   do   mi

- - zen, has   fro -   -   -   zen   my

cresc.

va.

veins.

Basta, vincesti... Ah non lasciarmi, no

Silence! you've conquered!... Ah! do not let us part

Pietro Metastasio
English version by
Lorraine Noel Finley

W. A. Mozart
K. 486a (1778)
Piano reduction by
John Verrall

Text from Act II, Scene 6 of *Didone abbandonata (Dido Forsaken)*. Dido reproaches the betrayer of her affection and begs him not to leave her.

Ba-sta, vin-ces-ti, ec-co-ti il fo-glio.
Si-lence! you've con-quered! Here it is, your let-ter.

Ve-di quan-to t'a-do-ro an-co-ra in-gra-to.
See how much, though you're thank-less, I still a-dore you.

un tuo sguar-do so-lo mi to-glio-gni di-fe-sa e mi dis-
sin-gle look a-larms me And, leav-ing me de-fense-less, With ease dis-

ar - mi;
arms me.
ed ai cor di tra-dir-mi, ed ai
By your glance I am shak-en. Will your

cor di tra-dir - mi?
heart play the trai - tor?
e poi la - sciar - mi?
Am I for - sak - en?

Aria

Andantino espressivo

Ah non la-sciar-mi,
Ah! do not let us

no,__ bell' I - dol mi - o,
part,__ My own Be - lov - ed,
bell' I - dol mi -
my own Be - lov -

o; di chi_ mi fi-de-rò, _ se tu_ m'in-
ed. To whom_ will go my heart_ If you_ de -

gan - ni? Ah non la-sciar-mi,
ceive _ me? Ah! Love, we must not

no, ah no, non la-sciar-mi; di chi_ mi fi-de-
part; Ah! Love, nev-er leave me; To whom_ will go my

rò, _ se tu_ m'in-gan- -ni? di
heart_ If you_ de - ceive _ me? To

chi ___ mi fi - de - rò, ___ di chi, ___ se
whom ___ will go my heart, ___ to whom, ___ If

tu m'in - gan - ni, se tu m'in - gan -
you de - ceive ___ me, If you de - ceive ___

ni?
me?

Di vi - ta man - che - re - i, di vi - ta man - che -
The dread of part - ing fills me, To say fare - well, Love,

re - i   nel dir - ti: ad - di - o,   nel dir - ti: ad-
chills me;   And lost hope now kills me, While Death's man - tle

di - o,   che vi - ver_ non po-
stills   me.   If   long - ing_ could re-

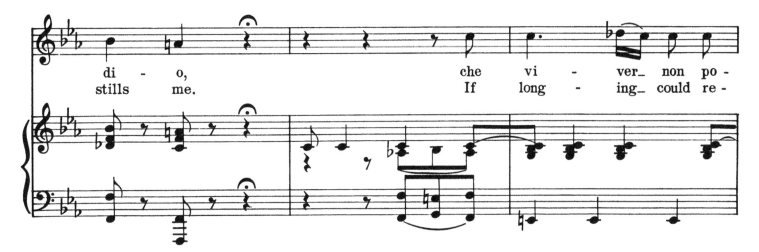

tre - i,   che vi - ver_ non po - tre - i   fra_
cap - ture Our hap - pi - ness that van - ished,   We_

tan - ti   af - fan - ni,   fra   tan - ti   af - fan - ni!
might find   new rap - ture, And heart-ache   be   ban - ished.

Recitativo

Allegretto

Ah no, non la-sciar-mi! ah no, non la-sciar-mi!
Ah! Love, do not leave me, Ah! Love, do not leave me.

Andante espressivo

Ah non la-sciar-mi, no, ___ bell' I-dol mi - o, bell'
Ah! do not let us part, ___ My own Be-lov - ed, my

I-dol mi - o; di chi ___ mi fi-de-rò, ___ se
own Be-lov - ed. To whom ___ will go my heart, ___ If

tu ___ m'in-gan - - ni? Ah
you ___ de-ceive ___ me? Ah!

non la-sciar-mi, no, ___ ah no, non la-sciar-mi, ah ___
Love, we must not part, ___ Ah! Love, nev - er leave me; Ah! ___

no, di chi mi fi - de - rò, ___ se tu, ___ se
Love, to whom will go my heart, ___ to whom, If

tu ___ m'in - gan - ni? di chi mi fi - de -
you ___ de - ceive ___ me? To whom will go my

rò, ___ di chi, ___ se tu, ___ se tu, ___ se tu m'in -
heart, to whom, If you, ___ if you, ___ a - las! would

gan - - - - ni?   se tu m'in-gan - ni,   se
leave _____ me?   We must not thus__ part,   My

tu m'in-gan - - ni?   Ah non la -
own Be - lov - ed;   To whom will

sciar - mi, no,   ah non la - sciar - - - - - - -
go_____ my heart, My own Be - lov - - - - - - -

mi!
ed?

Popoli di Tessaglia!

Thessaly's people

Raniero da Calzabigi
English version by
Lorraine Noel Finley

W. A. Mozart
K. 316 (1778-79)
Piano reduction by
John Verrall

Text from Act I, Scene 2 of Gluck's opera *Alceste*. Alcestis, exemplary wife and mother, who has pledged to the gods to die in place of her husband, King Admetus, comes to join the Thessalians in lamentation and prayer for pity.

Recitativo

Andante sostenuto e languido

Alcestis

Po - po - li di Tes -
Thes - sa - ly's peo - ple,

sa - glia! Ah, mai più giu - sto fù il vo - stro pian - to.
hear me! Such lam - en - ta - tions are tru - ly fit - ting;

A voi non men che a que-stì in - no-cen - ti fan -
Not less to you, dear peo - ple, than to these harm - less

ciul - li Ad - me - to è pa - dre. Io per - do l'a - ma - to
chil-dren Ad - me - tus is fa - ther. My loss is a well-loved

spo - so, e voi l'a-ma-to rè; la no-stra so - la spe -
hus-band, and yours, a no-ble king; This cru - el fate has be-

ran - za, il no-stro a - mor c'in - vo - la que-sto fa - to cru-del.
reft us of that one hope we cher-ished and of our loy-al love.

Ne so che pri - ma in si gra - ve scia-gu - ra a com-
In this mis-for-tune shall I first mourn the king-dom, or be-

pian - ger m'ap-pi-gli del re - gno, di me stes-sa, o de'miei fi - gli.
moan my af - flic-tion, or shall I, as a moth-er, weep for my chil-dren?

La pie - tà de-gli De - i so-la ci
But now all that re-mains is our in-ter-

re - sta   a im-plo - ra - re,   a ot-te - ner.
ces - sion   for some mer - cy   from the Gods.

Ver-rò com-pa-gna al - le   vo-stre pre-ghie-re,   ái
I come to join you   in your prayers and li - ba-tions with-

vo-stri sa-cri - fi - zi;
in the sa-cred tem-ple.

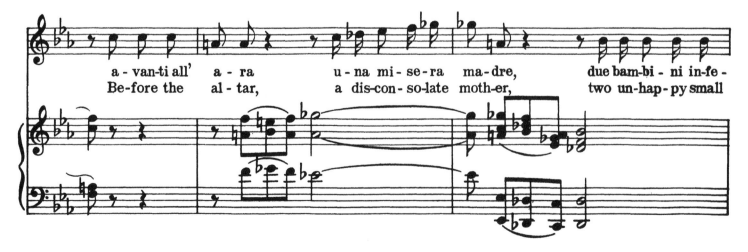

a - van-ti all'   a - ra   u - na mi-se-ra ma-dre,   due bam-bi - ni in-fe-
Be-fore the   al - tar,   a dis-con-so-late moth-er,   two un-hap-py small

li - ci, tut-to un po - po-lo in pian - to pre - sen - te - rò co -
chil - dren, and a na - tion in sor - row, all these will I pre -

[cresc.]

sì. For - se con que-sto spet - ta - co - lo fu-
sent. Sure - ly the an - ger of Heav'n__ will be pla -

fp

nes - to, in cui do - len - te gli af - fet - ti, i vo - ti suoi di-chia-ra un
cat - ed when such a king - dom, af - flict - ed, u - nites in vows of true de -

fp   fp   fp   pp

re - gno, pla - ca - to al fin sa - rà del ciel lo sde-gno.
vo - tion, dis-play - ing a spec - ta-cle of grief and an-guish.

f

Aria

Andantino sostenuto e cantabile

Io non___ chie - do, e - ter - ni De - i,
I ask___ not,_ O Gods___ e - ter - nal,

tut - to il ciel ___ per me ___ se - re - no,
All ___ my skies ___ to shine ___ in glad - ness,

tut - to il ciel ___ per me ___ se - re - no,
All my skies ___ to shine ___ in glad - ness;

ma il mio duol con-so - li al - me - no, con my
But to light my path of sad - ness, my ___

so - - li al - me - no qual - che rag - gio, qual-che ___
path ___ of sad - ness, Wel - come pit - y, I would

rag - gio di __ pie - tà, _____
wel - come pit - y's glow, _____

di _____ pie - tà.
pit - y's _____ glow.

Io non _____ chie - do,   e -
I ask _____ noth - ing,   O

ter - ni De - i,   e - ter - ni De - - - -
Gods _____ e - ter - nal, O Gods e - ter - - - -

i, ma il   mio   duol __   con - so - li al - me - no
nal, But   to   light __   my   path __   of   sad - ness;

qual - - che __ rag - gio,   qual - - che
I _____   would wel - come.   pit - - y's

rag - - - - - - - -
glow, _____

- gio di pie - tà, _____ di pie - tà, qual - che ___
_____ To light the sad - - - ness I know, I would

rag - - - - - - - -
wel - - - - - - - -

- gio, qual - che rag - gio di ___ pie - tà, ___ qual - che
- - come, I would wel - come pit - y's ___ glow ___ In ___ the

rag - - - - - - - -
sad - - - - - - - -

- - - - - - - gio di pie - - -
- - - - - - - ness that I

Allegro assai

tà.
know.

Non com-pren-de i ma-li mie-i, ne il ter-ror, che m'em-pie il
They who know not love ma-ter-nal, Nor my fear-ful heart's de-

pet-to, ne il ter-ror, che m'em-pie il pet-to,
jec-tion, Nor my fear-ful heart's de-jec-tion,

chi di mo-glie il vi - vo af-fet - to,
Nor a lov - ing wife's af - fec - tion,

chi di ma - - - dre il
Can - not un - - - der-

cor _____ non ha. Non com-
stand _____ my woe. They who

pren - de i ma - li___ mie - i, ne il ter -
know___ not___ love___ ma - ter - nal, Nor my

ror — che m'em - pie il pet - to, ne il ter -
fear - ful heart's de - jec - tion, Nor my

ror — che m'em - pie il pet - - -
fear - ful heart's de - jec - - -

- - - - to,
- - - - tion,

chi di mo-glie il vi - vo af - fet - to, chi
Nor a lov-ing wife's af - fec - tion, Can - -

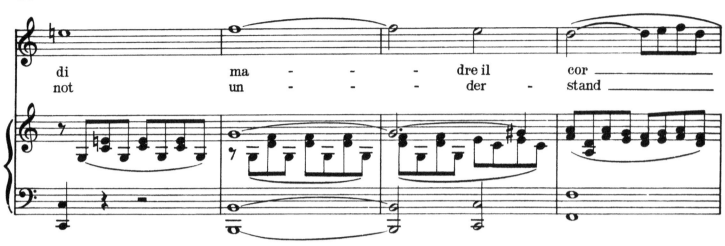

di ma - - - dre il cor _____ cor _____
not un - - - der - stand _____

non ha, _____
my woe. _____

chi di
They who

mo - glie il vi - vo af - fet - to, chi
know not love ma - ter - nal Can - -

di — ma - - - - dre il cor ___
not — un - - - - der - stand ___

— non ha, ___
— my woe, ___

chi di
Nor my

ma - dre, — chi di ma - dre il
sor - row, — nor the sor - row

cor   non   ha, _____
that   I   know, _____

chi   di   ma -   dre il   cor   non
Nor   the   sor -   row   that   I

ha, _____
know. _____

chi   di   ma -   dre il   cor   non   ha,   chi   di
They   can   nev -   er ___ un -   der -   stand,   They   who

ma - dre il cor non ha, chi di ma - dre il
know not love ma - ter - nal, a love ma -

cor, chi di ma - dre il cor non
ter - nal, Can - not un - der - stand my

ha.
woe.

Kommet her, ihr frechen Sünder
Sinners, come!

Author unknown
English version by
Lorraine Noel Finley

W. A. Mozart
K. 146 (1779)
Piano reduction by
John Verrall

This Lenten hymn was probably composed to be included in an oratorio.

Sprecht, ____ ist ____ ge - gen ____ sei - ne ____ Kin - der je ein
Kann _____ es ____ ei - ne ____ Mut - ter ____ ge - ben, die so
und _____ ver - schreibt auch eu - re ____ Trie - be le - bens -
Could _____ an - oth - er ____ Fa - ther ev - er Show more
Could _____ there be a ____ less de - mand - ing Moth - er
Praise _____ their cour - age ____ fac - ing ____ tri - al; Leave your

Va - ter ____ so be - stellt, je ____ ein ____ Va - - ter ____
zärt - lich lie - ben ____ kann, die ____ so ____ zärt - - lich ____
lang ____ zu ih - rem Lohn, le - bens - lang _____ zu ____
thought for ____ chil - dren's need, Show more ____ thought ____ for ____
bear - ing ____ her great loss, Moth - er ____ bear - ing ____
mor - tal sins and ____ woe, Leave your ____ mor - tal ____

so _____ be - stellt? Je - sus lei - det ____
lie - ben kann? Ach! mit Thrä - nen ____
ih - rem Lohn; tref - fet ei - nen ____
chil - dren's need? Christ en - dur - eth
her _____ great loss? She be - weeps ____ the ____
sins _____ and woe: Pledge your - selves ____ to ____

tau - send Qua - len, bis er selbst den
muss sie se - hen, wie ihr Sohn am
Bund mit ih - nen, stets im Lie - ben
sore af - flic - tion Till his soul leaves
stark ob - la - tion, Watch - ing him in
new en - deav - or, Fol - low them toward

Geist auf - gibt, — um am Kreuz die Schuld zu
Kreu - ze stirbt, — und sie lässt es doch ge -
treu zu sein, — und hin - fü - ro eu - re
flesh be - hind, — He re - deems by cru - ci -
an - guish there; — So that we might win sal -
paths a - bove: — Let your lives con - tain for -

zah - len, die der tol - le Mensch ver -
sche - hen, dass der Mensch sein Heil er -
Sin - nen bloss zu ih - rem Dienst zu
fix - ion Way - ward, guilt - y, weak man -
va - tion, She must suf - fer dark de -
ev - er Con - se - crat - ed, loy - al

übt, ___ die _____ der tol - - le _ Mensch _____ ver -
wirbt, __ dass ___ der Mensch _____ sein_ Heil _____ er -
weih'n, _ bloss_ zu ih - - rem_ Dienst ____ zu
kind, __ Way - ward, guilt - - y, weak ____ man -
spair, __ She __ must suf - - fer_ dark ____ de -
love, __ Con - se - crat - - ed,_ loy - al

übt.
wirbt.
weih'n.
kind.
spair.
love.

Ma che vi fece, o stelle... Sperai vicino il lido

Tell me, ye stars... I trusted my haven was nearer

Pietro Metastasio
English version by
Lorraine Noel Finley

W. A. Mozart
K. 368 (1781)

Text from Act I, Scene 4 of *Demofoonte*. Timante, with marriage vows endangered, entreats the stars for succor.

Voi, che in - spi - ra - ste i ca-sti af - fet - ti al - le nostr'
You, who in - spired us, and gave our souls their no - ble af -

al - me; voi, che al pu - di - co I - me - ne - o, fo - ste pre - sen - ti, di - fen -
fec - tions, You, who il - lu - mined the wed - ding rites with your glo - ry, Pray de -

de - te - lo, o Nu - mi: io mi con - fon - do.
fend, O Gods, this mar-riage! Ah! I am faint-ing!

M'op-pres-se il col-po a se-gno,   m'op-pres-se il col-po a
The blow struck home like trea-son,   And blot-ted out my

se - gno,   che il cor man-com-mi,
rea-son;   Dire things fore-to-ken:

e si smar-rì l'in - ge - gno.
E - ven my heart is bro - ken!

Aria
Andantino

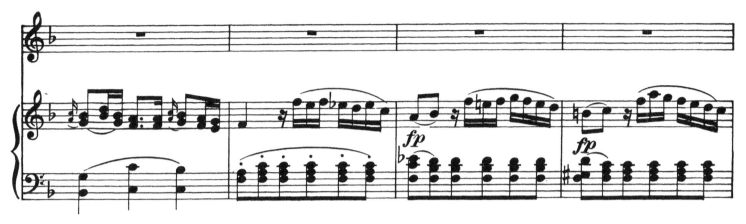

Spe - ra - i vi - ci - no, vi - ci - no il__
I trust-ed my ha - ven was near-er and

cresc. f p

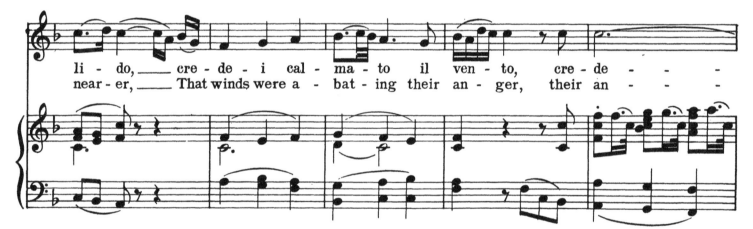

li - do,___ cre - de - i cal - ma - to il ven - to, cre - de - -
near - er,___ That winds were a - bat - ing their an - ger, their an - -

- i___ cal - ma - - - - - - to il ven - to,
- ger___ and rage _____ a - bat - ing.

Allegro

ma tra-spor - tar
But oh! a - las,

mi sen - to,   ma tra-spor - tar   mi sen - to
the tem - pest   has borne me far   and far-ther,

fra le tem - pe - ste,   fra le tem - pe - ste an -- cor,
High winds frus-trat - ing,   have blown me far a -- way,

ma tra-spor - tar
have blown me   far,

mi
yet

cresc.

sen - to   fra   le   tem - pe - - - - - -
far - ther.   Vi - o - lent,   an - - - - - - -

fp   fp   fp   fp   fp   fp   fp   fp

- - ste an - cor, ma tra - spor - tar
- - gry winds have blown me   far,

p

mi sen - to fra le tem - pe - - -
yet far - ther, Vi - o - lent, an - - -

- - - ste an - cor, fra __ le tem -
- - - gry winds in __ rage have

pe - ste an - cor, fra le tem - pe - - -
blown me far a - way, far, far __

ste an - - cor.
a - - - way.

E da u-no sco - glio in - fi - do
Grim is the dan - ger round me:

men - tre sal-var mi vo-glio, men - - tre sal-var mi vo-glio,
Buf - fet-ing wa - ters pound me: Men - - ac-ing rocks sur-round me:

ur - to in un al - tro sco - glio, ur - to in un al - tro
Om - i - nous waves con - found me: Break - ers have near - ly

sco - glio del pri - mo as - sai peg - gior,___ del pri - mo as - sai peg -
drowned me: En - gulfed in foam and spray, ___ I cling to jag - ged

gior, as - sai peg - gior. ___
rocks in wild dis - may. ___

Recitativo

Ma che vi fe - ce, o ste - le, la po - ve - ra Dir - ce - a?___ Spe -
Tell me, ye plan - ets, now tell me, what fol - ly she com - mit - ted.___ I

ra - i vi - ci - no, vi - ci - no il li - do,_____ cre -
trust - ed my ha - ven was near - er and near - er,_____ That

de - i cal - ma - to il ven - to, cre - de - - -
winds were a - bat - ing their an - ger, their an - - -

- - i, spe - ra - i, cre - de - i cal - ma - to il
- - ger. I trust - ed at long last their rage was a -

ven - - - - - - to,
bat - - - - - - ing;

Allegro

ma tra - spor - tar ___
But ev - er far ___

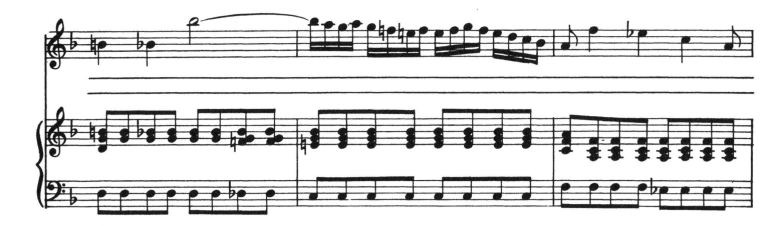

mi — sen - to   fra le tem - pe - ste an -
and — far - ther   by winds, I'm blown a -

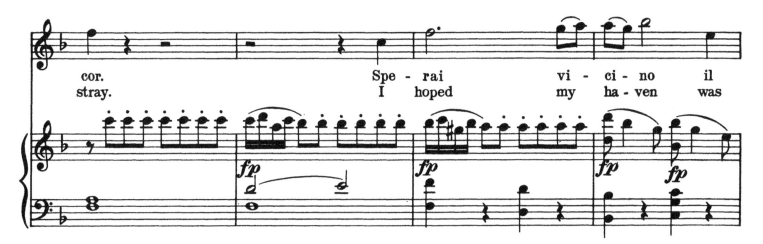

cor.   Spe - rai   vi - ci - no   il
stray.   I   hoped   my ha - ven   was

li - do,   cre - de - i   cal - ma - to   il
near - er,   The tem - pest   at — last was   a -

ven - to,   ma   tra - spor - tar _____
bat - ing;   But I ___ am ___ far _____

cresc.

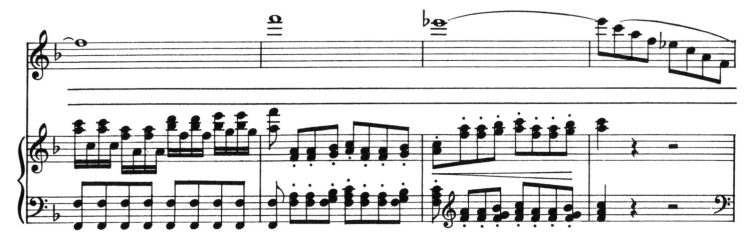

____ mi   sen - to   fra le tem - pe - ste an -
____ from   ha - ven.   The an - gry winds,   with

f   *p*

cor, fra le tem - pe - ste an - cor, fra le tem - pe -
vi - o - lence frus - trat - ing me, Have 'blown me far _____

cresc.

ste an - - cor,
a - - way,

fra le tem - pe - ste an - cor.
Have blown me far, far a - way.

Misera, dove son!... Ah! non son io che parlo

Where am I?... Not mine the voice complaining

Pietro Metastasio
English version by
Lorraine Noel Finley

W. A. Mozart
K. 369 (1781)

Text from Act III, Scene 12 of *Ezio*. Fulvia, an exile, grieves for her lost husband, and in despair implores Heaven to smite her with a thunderbolt.

Mi - se-ra, do-ve son! L'au - re del Te-bro son que-ste ch'io re-
Where am I? Woe is me! Air of the Ti-ber, is that what I am

spi - ro? Per le stra - de mag-gi - ro di Te - be, e d'Ar - go?
breath-ing? Is it Thebes where I wan-der, with an-guish seeth-ing?

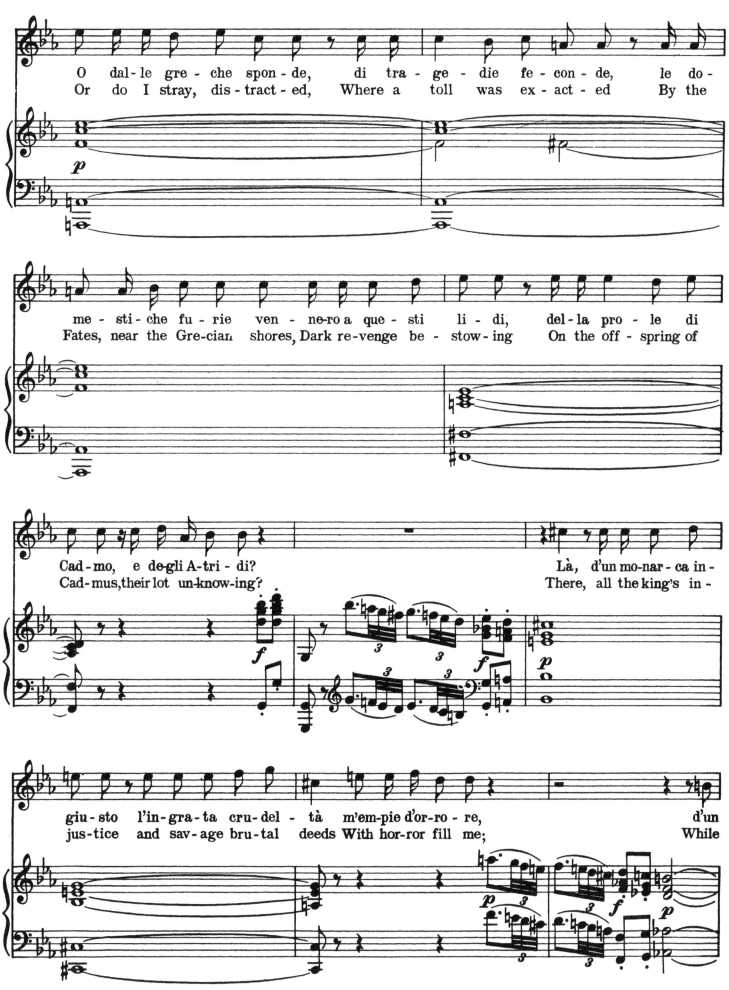

Aria

Andante sostenuto

Ah! non son io che par - lo, ah!___ non son io che par - lo, è il
Not mine the voice com-plain-ing, Not___ mine the voice com-plain - ing, But

bar - - - - - ba - ro do - lo - re, è il bar - ba - ro do -
on - - - - - ly woe-ful sad - ness, but on - ly woe-ful

lo - re che mi di - vi - de il co - re,
sad - ness, Caus - ing my heart its mad - ness,

che mi di - vi - de il co - re, che de - - - li - my
caus - ing my heart its mad - ness. How will___ my

rar,___ che de - li - rar_____ mi fa.
pain___ and all my sor - row end?

Ah! non son i - o, ah! non son io che
I'm not com-plain-ing, Not mine the voice com-

par - lo, è il bar - ba - ro do - lo - re che
plain-ing; But on - ly_ woe-ful sad - ness. When

de - li - rar mi fa, che de - li - rar, che de - li -
pain and sor-row blend, How can it end? How will my

98

mi
row

Allegro

fa.
end?

Non cu - ra il ciel ti -
If Heav - en would but

ran - no l'af - fan - - - no, in cui mi
heed me, From an - - - guish it could have

ve - do: un ful - mi - ne gli chie - do, e un
freed me; Though skies a - bove may dark - en, No

ful - mi - ne non ha. Ah! non son io, non son io che
thun - der - bolts de - scend. An - guish has bro - ken my heart, and

par - lo, è il bar - ba - ro do - lo - re che mi di - vi - de il co - re,
speak - ing In - stead of me in sad - ness, Caus - es my woe - ful mad - ness.

che _____ de - li - rar mi fa.
Will _____ an - guish ev - er end?

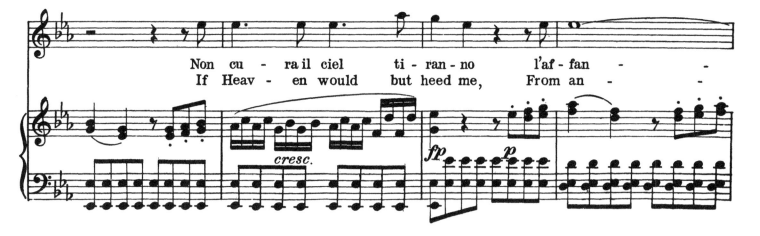

Non cu - ra il ciel ti - ran - no l'af - fan -
If Heav - en would but heed me, From an -

ful - mi - ne non ha; un ful - mi - ne gli chie-do, e un
pain and an - guish end. Though skies a - bove may dark-en, And

ful - mi - ne non ha, e un ful - mi - ne non
light - ning may im - pend, No thun - der - bolts de -

ha, e un ful - mi - ne non ha, e un ful - mi - ne non
scend; Though light - ning may im - pend, No thun - der-bolts de-

ha.
scend.

A questo seno, deh! vieni... Or che il cielo

O come to me... They who feel not love's devotion

Author unknown
English version by
Lorraine Noel Finley

W. A. Mozart
K. 374 (1781)

Zeira rejoices upon the return of her long-absent husband.

vi - vi.   Oh con - ten - to!   Oh cer - tez - za!   Oh
liv - ing.   What con - tent - ment!   O what rap - ture,   en -

Più moderato

pre - mio!   Oh spe - me!   Oh a - mor!   Nu - mi cle - men - ti,
chant - ment!   What glad - ness and love!   Gods, kind and clem - ent,.

nell' of - frir - mi, pie - to - si, un sì bel do - no,
you re - store, in your pit - y, this my treas-ure,

Con moto

tut - to il vo - stro ri - go - re   io vi per - do - no.
Now the or - deal you sent me   will be for - giv - en.

Rondo
Allegretto

Or che il cie - lo a me ti ren - de, ca - ra
They who feel not love's de - vo - tion, Firm and

par - te del mio cor,— la mia gio - ia, ah, non com - pren - de— chi non
true, with-out al - loy,— Can - not pic - ture my e - mo - tion, Can-not

sa che co - sa è a - mor,— chi non sa che co - sa è a - mor.
know my wife - ly— joy— Now that Heav'n has sent you back.

Or che il cie - lo a me ti ren - de,
They who feel not love's de - vo - tion,

ca - ra par - te del mio cor,__ la mia
Firm and true, with - out al - loy,__ Can - not

gio - ia, ah, non com - pren - de __ chi non sa che co - sa è a - mor, _____ chi non
pic - ture __ my e - mo - tion, Can - not re - al - ize my joy. _____ Noth - ing

sa che co - sa è a - mor,__ chi non sa che co - sa è a - mor, ah, non com -
more my heart can __ lack __ Now that Heav'n has sent you back. Ah! my Be -

pren - de, __ ah, non com - pren - de chi non sa che co - sa è a -
lov - ed, __ you are my treas - ure Who can know my wife - ly __

mor,_ chi non sa che co-sa è a-mor!
joy,_ Firm and true, with-out al - loy?

p

3 3 3 3

So - no all' al - ma un gra - to og-get - to le sue
All the thoughts of_ sep - a - ra - tion, Like his

bar - ba - re vi - cen - de, ed_ in sen_____
tri - als that are end - ed, Mem - o - ry_____

f   *p*

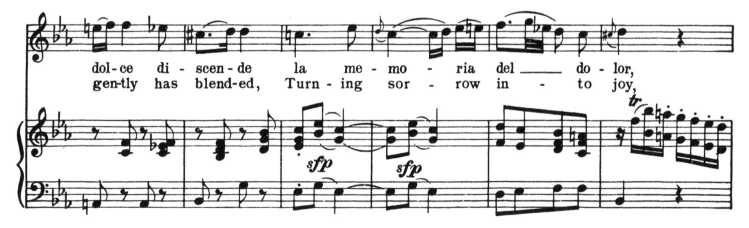

dol - ce di - scen - de la me - mo - ria del_____ do - lor,
gen-tly has blend-ed, Turn - ing sor - row in - to joy,

sfp   *sfp*

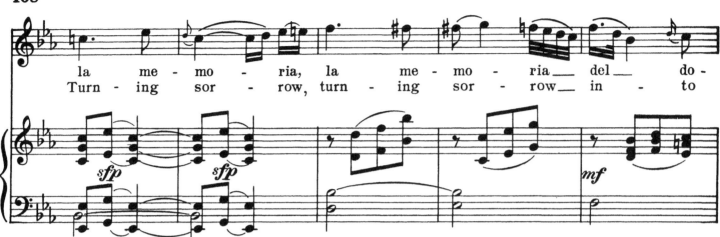

la me - mo - ria, la me - mo - ria__ del do -
Turn - ing sor - row, turn - ing sor - row__ in - to

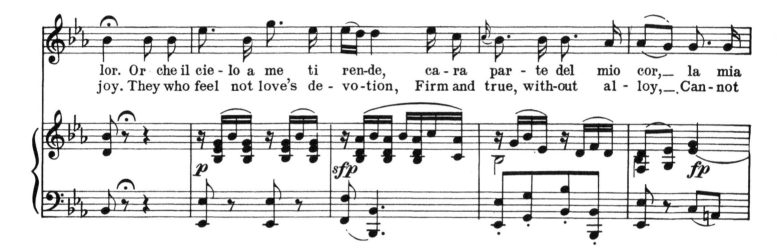

lor. Or che il cie - lo a me ti ren-de, ca - ra par - te del mio cor,__ la mia
joy. They who feel not love's de - vo - tion, Firm and true, with-out al - loy,__ Can-not

gio - ia, ah, non com-pren-de__ chi non sa che co - sa è a - mor,__ chi non
pic - ture my e - mo - tion, Can-not know my wife-ly__ joy__ Now that

sa__ che co - sa è a - mor.
Heav'n has sent you back.

Or che il
They who

cie - lo a me ti ren - de, ca - ra
feel not love's de - vo - tion, Firm and

par - te del mio cor, la mia gio - ia, ah, non com - pren - de chi non
true, with - out al - loy, Can - not pic - ture my e - mo - tion, Can - not

sa che co-sa è a-mor, chi non sa che co-sa è a - mor, chi non sa che co - sa è a-
re - al-ize my joy. Noth-ing more my heart can lack Now that Heav'n has sent you

cresc. *mf* *p*

mor, ah, non com - pren-de, ah, non com - pren-de chi non sa che co-sa è a-
back. Ah! my Be - lov-ed, you are my treas-ure Noth-ing more my heart can

sfp *sfp* *f.* *p* *mf*

mor, chi non sa che co - sa è a - mor.   So - no all'
lack Now that Heav'n has sent you back.   All   the

al - ma   un gra - to og - get - to le sue
heart - ache   of sep - a - ra - tion, Like his

bar - ba - re— vi - cen - de, le sue bar - ba - re— vi
tri - als that— are end - ed, Mem'ry's pow'r has gen - tly

cen - de,   ed in sen — dol - ce di -
blend - ed,   Mem - o - ry — has gen - tly

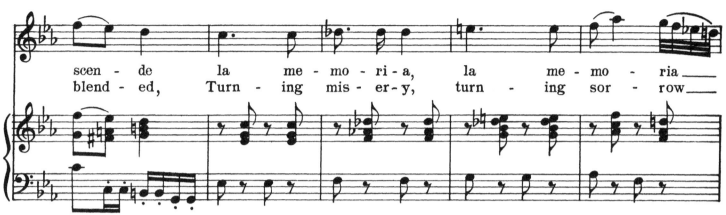

scen - de la me - mo - ri - a, la me - mo - ria___
blend - ed, Turn - ing mis - er-y, turn - ing sor - row___

del___ do - lor, la me - mo - ri - a, la me -
in - to joy, Turn - ing mis - er-y, turn - ing

mo - ria___ del___ do - lor. Or che il cie - lo a me ti ren - de, ca - ra
sor - row___ in - to joy. They who feel not love's de - vo - tion, Firm and

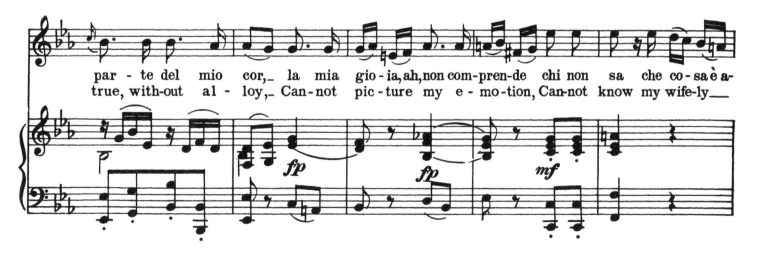

par - te del mio cor,_ la mia gio - ia, ah, non com-pren-de chi non sa che co - sa è a -
true, with-out al - loy,_ Can-not pic-ture my e - mo-tion, Can-not know my wife-ly___

mor,— chi non sa— che co-sa è a-mor.
joy— Now that Heav'n has sent you back.

Or che il
They who

cie - lo a me ti ren - de,
feel not love's de - vo - tion,

ca - ra
Firm and

par - te del mio cor, la mia gio - ia, ah, non com - pren - de— chi non
true, with - out al - loy,— Can-not pic - ture my e - mo - tion, Can-not

sa che co-sa è a-mor,——— chi non sa che co - sa è a - mor,— chi non
re - al-ize my joy.——— Noth-ing more my heart can— lack— Now that

sa che co-sa è a-mor, che ____ co - sa è a - mor, che ____
re - al - ize my joy, my ____ love and joy, my ____

co - sa è a - mor.
love and joy!

Nehmt meinen Dank

Thank you, my friends

Author unknown
English version by
Lorraine Noel Finley

W. A. Mozart
K. 383 (1782)
Piano reduction by
John Verrall

This gracious song of parting, composed in Vienna for Aloysia Weber Lange, expresses gratitude and loyalty to the friends the artist is leaving.

blieb' ich,   blieb' ich, so wä - re mein Be - stre - ben,__ sie zu ver -
Stay - ing,   I would have made it my en - deav - or__ To serve you

cresc.

die - nen,   doch   Ge - duld;   blieb' ich,
glad - ly   till   the end,   Stay - ing,

sf   *p*

sf

blieb' ich, so wä - re mein Be - stre - ben,__ sie zu ver - die - nen,
I would have made it my en - deav - or__ To serve you glad - ly,

cresc.

sf

sf

doch   Ge - duld,   Ge - duld,   Ge -
yes,   to serve   un - til   the_

duld!   Von An - be -
end.   Since time be -

ginn   war ste - tes   Wan - dern   der Mu - sen   und der Künst - ler_
gan,   the Fates   de - cid - ed   That art - ists   con - stant - ly_ must_

Los; ___   mir geht es   so   wie al - len An - dern,   fort aus des
roam, ___   And so with me,   by Mus - es guid - ed,   I leave my

Va - ter - lan - des Schoss seh' ich mich von dem Schick - - sal
fa - ther - land and home. My des - ti - ny has thus _____ de -

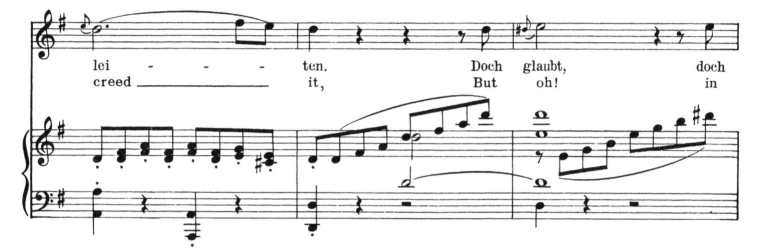

lei - - - ten. Doch glaubt, doch
creed _____ it, But oh! in

glaubt es mir, in je - dem Reich, doch glaubt es mir, in je - dem
ev - 'ry land that calls and lures, In ev - 'ry land that calls and

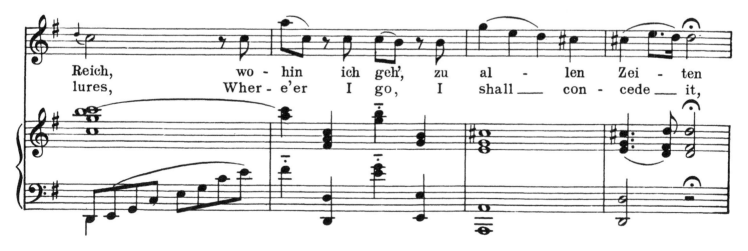

Reich, wo - hin ich geh', zu al - len Zei - ten
lures, Wher - e'er I go, I shall ___ con - cede ___ it,

bleibt im-mer-dar, bleibt im-mer-dar mein Herz bei euch, _ mein
You hold me yet, You hold me, for my heart is yours, _ My

Herz bei euch, bleibt im-mer-dar, bleibt im-mer-dar mein Herz bei
heart is_ yours, You hold me yet, You hold me, for my heart is

euch, _ bleibt im-mer - dar _ mein Herz bei_ euch, bei_
yours, You hold me yet, _ My_ heart is _ yours, my_

euch, bei_ euch.
heart is_ yours.